سبعة أسباب لضرورة تحدث
كل مسيحي بالألسنة

بول جينادو

<h1 style="text-align:center">مقدمة</h1>

حدث لي أمران عندما صرت مسيحيًا. فقد أحببت يسوع وغمر قلبي الشعور بالمحبة والمودة نحو جميع المؤمنين الآخرين. وشعرت كذلك بأنني أنتمي إلى عائلة عالمية مكونة من الأشخاص الذين أحبوا بعضهم بعضًا بالحق. ولكن سرعان ما تبخرت أحلامي. وصار واضحًا لي أنه ليس كل المسيحيين يحبون بعضهم بعضًا، وأن الكنيسة انقسمت بسبب العديد من القضايا وليس فحسب بسبب ما يتعلق بالروح القدس.

إذ ارتاد صديقي في الجامعة -الذي دعاني من قبل إلى حضور مؤتمر خلاصي قد خُلصت من خلاله قبلًا- كنيسة أخرى. وكان من الواضح أن كنيسته تعارض تمامًا المعتقد المتعلق بالروح القدس الذي تعتنقه كنيستي. إذ أنهم يؤمنون بأن التكلم بالألسنة قد انتهى بنهاية عصر الرسل وينظرون بريبة إلى أي شخص يدعي أن اختبر هذا اليوم.

وحينما اكتشف صديقي أنني بدأت أتكلم بالألسنة بمجرد أن تعمدت بالروح القدس، بدأت ألاحظ أن الفجوة تتعمق بين صداقتنا. ولا أظن أنه وجد طريقة يتعامل بها معي. وقد كنا أصدقاء جيدين غير أنه وجد صعوبة في التعامل مع اختباري الجديد. ويخال لي أنني قد فعلت شيئًا لأجله وهو أنني قد دفعته لأن يبحث بنفسه حول معمودية الروح القدس.

وقدته لأن يفحص الأسفار المقدسة من جديد ويتبصر ما الذي يقوله الكتاب المقدس بالضبط حول معمودية الروح القدس. وبدأ يطلبها من الرب منذ اليوم الذي آمن فيه بأنها من عنده. وكان لي امتياز أن أضع يدي عليه لكي يقبل تلك القوة من الأعالي وبدأ يتكلم بألسنة. أقنعني ذلك الاختبار الذي مضى عليها زمن طويل بأن جميع الخلافات حول معمودية الروح القدس وكل الانقسامات الناتجة عنها لا جدوى منها. فمشيئة الله أن يمتلئ كل مسيحي من الروح القدس ويتكلم بألسنة بغض النظر عن انتمائه الكنسي.

إذ أن طلب القوة والتغيير الروحيين يعدان صرخة قلب كل المسيحيين في العالم بأسره. فكلنا نريد الله أكثر في حياتنا. ونرغب بأن نراه يعمل بحرية من خلالنا ونحتاج جميعنا إلى تلك القوة من الأعالي وسمّها ما شئت: معمودية الروح القدس أو البركة الثانية أو التجديد الكاريزماتي أو الامتلاء بالروح.

يتمثل الخلاف في مصطلح "جلوسولاليا glossolalia" ("كلمة يونانية تعني "التكلم بألسنة، أو بلغات") التي يدعى كثيرون ضرورة مصاحبتها لمعمودية الروح القدس. وقد يؤكد البعض على عدم ضروريتها. فأنا أعرف طبيبًا مسيحيًا رفض أن يتكلم بالألسنة كاختبار صالح حتى اليوم لأنه لا يستطيع أن يفهمها. بالنسبة له، يجب رفض أي شيء لا يمكنه أن يدركه بعقله أو يفسره بالمنطق. وقد فسر ذلك بقوله "عندما يريد الله أن يتحدث معي فسوف يتكلم بلغتي، لماذا سيتحدث معي بكلام أعجمي؟" ويرفض البعض الآخر الألسنة من منطق تصورهم بأنها ليست لغوية. إذ يقولون إن الألسنة ليس لها سمات لغوية مثل اللغات الأخرى. ويخلصون إلى أنها محض ترهات لغوية، وبالتالي لا يمكن أن تكون ذات قيمة في العبادة الروحية.

من ثم يقبل مسيحيون كثيرون حسنو النية موهبة التكلم بالألسنة باعتبارها عطية صالحة، غير أنهم يتأرجحون لاهوتيًا بين الفرقتين. فبقدر ما يهتمون بالأمر إلا أنها ليست لأجلهم على الرغم من أنهم لا يمانعون إذا تحدث الآخرون بالألسنة. والأمر بالنسبة للآخرين لا يُعد جزءًا من تقاليد كنيستهم فحسب. إذ اقتصر التكلم بالألسنة على الكنائس الخمسينية لسنوات عديدة. وأولئك الذين اختبروا هذا الأمر ممن ينتمون إلى الكنائس البروتستانتية الأخرى إما طُردوا من طوائفهم أو أنهم تركوها لأنهم شعروا بأنهم لا يستطيعون النمو روحيًا لو ظلوا فيها. ولذا فقد تركوها وانضموا إلى الكنائس الخمسينية التي نمت نموًا منقطع النظير منذ بداياتها المتواضعة في بدايات القرن العشرين.

إذ اجتمعت مجموعة صغيرة من المؤمنين في عام 1906 في منزل إرسالية صغير في شارع أزوسا في لوس أنجلوس بولاية كاليفورنيا. وكان أكثرهم من الذين لاقوا معارضة في كنائسهم لأنهم تكلموا بالألسنة. وسرعان ما انضم إليهم مئات الأشخاص الآخرين الذين سافر العديد منهم مئات الأميال عبر الولايات المتحدة ليأتوا إلى هذا المنزل من أجل أن يعتمدوا بالروح القدس ويتكلموا بالألسنة.

وكان الله يعمل في الجانب الآخر من العالم أيضًا إذ انتشرت الألسنة بين الويلزيين أثناء نهضة عام 1904. وقد وردت تقارير في هذا الوقت عن أشخاص يختبرون الاختبار الخمسيني في النرويج وألمانيا الشمالية وبخاصة في زيوريخ عام 1910. بل حتى في روسيا كان الأشخاص ينالون هذا الاختبار منذ عام 1855. وهكذا بدأت الحركة الخمسينية وانتشرت.

غير أن القصة كانت مختلفة في الكنائس التقليدية. إذ ظل المسيحيون المعمدون بالروح في كنائسهم لسنوات وكان أكثرهم يخشى من أن يُكتشف أنه يتكلم بالألسنة. وقد أطلق الخدام الذين اكتشفوا انطلاقة جديدة وقوة في عبادتهم من خلال الاختبار الخمسيني شرارة ما يعرف الآن باسم التجديد الكاريزماتي في الكنائس التقليدية. إذ اجتمع عدد من الخدام في فان نويس بكاليفورنيا في أوائل ستينيات القرن العشرين للصلاة وتشجيع بعضهم بعضًا على هذا الاختبار الكاريزماتي. وكان من بينهم خدام من الكنائس الأسقفية والميثودية والمصلحة والمعمدانية واللوثرية والمشيخية.

كانت الكنائس التقليدية التي تلقت اختبار الألسنة من كل قلبها قليلة ومتباعدة، كذلك تلك التي أعطت مجالاً ضئيلاً أو يكاد يكون منعدمًا في خدماتهم المعتادة لإعلان مواهب الروح؛ كانوا يعقدون اجتماعاتهم أو شركة منزلية منتصف الأسبوع. وقد نمت هذه الاجتماعات المنزلية الصغيرة في جميع أنحاء العالم إذ شعر الأشخاص الذين هم من الكنيسة ذاتها أو من كنائس مختلفة بالحرية في الانضمام إلى النهضة الكاريزماتية دون قيود.

وقد كسرت الحركة الخمسينية الجديدة الحواجز الطائفية جميعها. إذ صار بوسع المسيحيين من خلفيات مختلفة أن يعبدوا الرب ويحمدوه بمحبة وبروح واحدة، ويجمعهم اختبار مشترك للروح القدس. ولم تعد تُستخدم حقيقة أن المسيحي الذي يتكلم بالألسنة يُوضع ضمن طائفة. إذ أن الوعد هو إلى "كُلِّ مَنْ يَدْعُوهُ الرَّبُّ إلهُنَا" (أعمال الرسل 2: 39)

إشكالية النمط المُختار من الله

طلبت مني سيدة ذات مرة أن أصلي من أجلها لكي تنال معمودية الروح القدس غير أنها أصرت على أنها لا تريد أن تتكلم بالألسنة إذ أخافتها بشكل ما. فقد أرادت بركة من الله ولكن على طريقتها الخاصة. ولكنني صليت معها عندما اقتنعت في النهاية بأن كل ما تريده هو الروح القدس ولا تمانع الكيفية التي ستحصل بها عليه. واندهشت عندما تعمدت بالروح القدس على الفور وتكلمت بألسنة وقد سالت دموع الفرح على وجهها وهتفت "لم أكن أعرف أن الأمر سيكون رائعًا هكذا".

وقد يتساءل كثيرون "هل يجب أن أتكلم بالألسنة لكي أمتلئ بالروح القدس؟". والإجابة على هذا السؤال هي "لا" قاطعة. إذ أن الروح القدس ليس التكلم بالألسنة. فالتكلم بالألسنة هي علامة أولية على حلول الروح القدس، ودليل على أننا سمحنا له بتحرير أرواحنا والتمكن من شخصياتا. ما أود قوله هو إنه لا يمكنك التكلم بالألسنة إلا إذا كنت معمدًا بالروح القدس. يثبت الكتاب المقدس والأدلة من الاختبارات الشخصية كلاهما صحة هذا الأمر.

يتبع الله دائمًا بنمط محدد غير أنه في بعض الأحيان قد يخرج عنه لأجل بعض الأشخاص. ويتمثل ذلك النمط في أن جميع الذين تعمدوا بالروح يجب أن يتكلموا بالألسنة. ولكن إذا ادعى شخص أنه أمتلأ بالروح القدس ولا يتكلم بالألسنة، فلا يسع المرء إلا أن يقول إن هذا خياره هو وليس خيار الله.

لن يستجيب الله لإيماننا إلا بقدر استعدادنا أن نسمح له بذلك. إذا كنا نؤمن بمواهب الروح فسوف ننال هذه الإعلانات؛ وإذا لم نؤمن فلن نراها. تصرف الله في حالات استثنائية ومنح شخصًا ما عطية الألسنة دون تدخله. ولكن عادةٍ نحن بحاجة إلى أن نتوقع منه أن يملأنا ويتكلم من خلالنا كعلامة على ملئه. «بِحَسَبِ إِيمَانِكُمَا لِيَكُنْ لَكُمَا». (متى 9: 29)

لماذا الألسنة؟

موهبة التكلم بالألسنة هي الموهبة الوحيدة من بين كل مواهب الروح القدس التي ظهرت تحديدًا في يوم الخمسين. إذ كانت توجد حالات شفاء ومعجزات ونبوات في العهد القديم. وكان الرسل يخرجون الشياطين ويصنعون المعجزات قبل القيامة. لكن لم يتكلم أحد بالألسنة قبل يوم الخمسين. إنها موهبة مرتبطة بحلول الروح القدس فحسب.

ربط بطرس بين الموهبة وحلول الروح القدس في بيت كرنيليوس. إذ أدرك أن الروح القدس قد حل على باكورة المؤمنين من الأمم لأنه سمع "أَنَّهُمْ كَانُوا يَسْمَعُونَهُمْ يَتَكَلَّمُونَ بِأَلْسِنَةٍ وَيُعَظِّمُونَ اللهَ" (أعمال 10: 46)

تكشف دراسة سفر أعمال الرسل، المدون فيه معمودية الروح، ظاهرتين مثيرتين للاهتمام. إذ قد امتلأ به كل من كان منفتحًا له ويطلبه، وعلى نحو مُحدد أو ضمني، تكلموا بلغة حمد وعبادة لم يتعلموها من قبل. إذ امتلأ التلاميذ الـ 120 جميعهم في أورشليم، وامتلأ كل من كان في منزل كرنيليوس، وامتلأ التلاميذ الاثني عشر الذين صلى بولس من أجلهم في أفسس، وكذلك جميع من كان في السامرة.

لماذا اختار الله الألسنة دليلًا أوليًا على الامتلاء من روحه؟ يوضح سفر التكوين أنه عند الخلق كان الإنسان يتمتع بالقدرة على تصور الأفكار والتكلم. إذ كان التكلم جزءًا لا يتجزأ من تكوينه. يَا أَوْلَادَ الأَفَاعِي! كَيْفَ تَقْدِرُونَ أَنْ تَتَكَلَّمُوا بِالصَّالِحَاتِ وَأَنْتُمْ أَشْرَارٌ؟ فَإِنَّهُ مِنْ فَضْلَةِ الْقَلْبِ يَتَكَلَّمُ الْفَمُ". (متى 12: 34) وقد أورد يعقوب الرسول هذا في رسالته أنه إذا كان بوسع أي شخص أن يذلل اللسان فسوف يكون قادرًا أن يلجم الجسد كله. إذ أن اللسان هو معقل الشخصية.

لأَنَّهُ كَمَا شَعَرَ فِي نَفْسِهِ هكَذَا هُوَ. (أمثال 23: 7) إذ نكون نحن المسيطرون عندما نتحدث بلغتنا. إذ نتصور الأفكار ونعبر عنها بالكلمات. ولكن عندما نتكلم بالألسنة، فإن الروح القدس يكون هو الماسك بزمام الأمر "وَامْتَلأَ الْجَمِيعُ مِنَ الرُّوحِ الْقُدُسِ، وَابْتَدَأُوا يَتَكَلَّمُونَ بِأَلْسِنَةٍ أُخْرَى كَمَا أَعْطَاهُمُ الرُّوحُ أَنْ يَنْطِقُوا". (أعمال 2: 4)

فالتكلم بالألسنة هو سياج ضد الميل الموجود بداخلنا إلى إعلاء العقل والسماح له بالسيطرة على تفكيرنا حتى في الأمور المختصة بالله. ونحن نسمح للروح أن يبقينا في "الْبَسَاطَةِ الَّتِي فِي الْمَسِيحِ." (2 كورنثوس 11: 3) بينما نستخدم يوميًا لغة الصلاة والشكر الموجودان في التكلم بالألسنة.

بول جينادو

الفهرس

مقدمة

سبعة أسباب لضرورة تحدث كل مسيحي بالألسنة

1. للخلوة الشخصية   7

2. للشكر   9

3. للتسبيح   11

4. لفصل نفسك عن العالم   12

5. للنمو الذاتي   13

6. خط ساخن بينك وبين السماء   15

7. طريقة للخضوع الكامل لله   17

يتمثل أولى أسباب ضرورة تكلم كل مؤمن بالألسنة في البركات التي يضيفها إلى خلوتنا الشخصية.

ينبغي على كل مسيحي التكلم بالألسنة يوميًا باعتبارها جزءًا من خلوته وحياة صلاته. عندما قال بولس إلى أهل كورنثوس "**أَشْكُرُ إِلهِي أَنِّي أَتَكَلَّمُ بِأَلْسِنَةٍ أَكْثَرَ مِنْ جَمِيعِكُمْ**" (1 كورنثوس 14: 18) كان يقصد عادة خلوته اليومية. فنحن نختبر أوقاتًا تغمر فيها المحبة قلوبنا تجاه الرب لشخصه وتطغي علينا مشاعر الامتنان إليه بسبب صلاحه نحونا؛ ولكن يبدو أن الكلمات تخذلنا. إذ لا يمكننا أن نعبر بالكلمات عن كل مكنونات قلوبنا. ويكون هذا هو الوقت المناسب للتعبير عن تكريسنا لله من خلال التكلم بالألسنة.

قال لي شاب يدرس في جامعة ييل ذات مرة ذات الأمر بهذه الطريقة: "أستطيع الآن أن أقول ما أشعر به بالفعل في أعماقي!"

هنالك أوقات يبدو فيها الرب بعيدًا وتكون الصلاة مُرهقة. غير أنه عندما نتكلم بالألسنة سوف ندخل في أجواء العبادة "بالقوة" وسرعان ما تشتعل قلوبنا وندرك أننا دخلنا إلى محضره.

وحقًّا، ما من أحد يفهم عندما نتكلم بالألسنة لأن "الرُّوحِ يَتَكَلَّمُ بِأَسْرَارٍ" ولكن الله يفهمها. غير أنه قد كُشف النقاب عن بعض تلك الأسرار في يوم الخمسين عندما أُوحي للاثني عشر تلميذًا المجتمعين في العلية أن يتكلموا بلغات الناس. إذ مكتوب في أعمال الرسل 2: 11 "يَهُودٌ وَدُخَلَاءُ، كِرِيتِيُّونَ وَعَرَبٌ، نَسْمَعُهُمْ يَتَكَلَّمُونَ بِأَلْسِنَتِنَا بِعَظَائِمِ اللهِ!».

- أَشْكُرُ إِلهِي أَنِّي أَتَكَلَّمُ بِأَلْسِنَةٍ أَكْثَرَ مِنْ جَمِيعِكُمْ. (1 كورنثوس 14: 18)

- وَقَالَ [يسوع] لَهُمُ: «اذْهَبُوا إِلَى الْعَالَمِ أَجْمَعَ وَاكْرِزُوا بِالإِنْجِيلِ لِلْخَلِيقَةِ كُلِّهَا. مَنْ آمَنَ وَاعْتَمَدَ خَلَصَ، وَمَنْ لَمْ يُؤْمِنْ يُدَنْ. وَهذِهِ الآيَاتُ تَتْبَعُ الْمُؤْمِنِينَ: يُخْرِجُونَ الشَّيَاطِينَ بِاسْمِي، **وَيَتَكَلَّمُونَ بِأَلْسِنَةٍ جَدِيدَةٍ**، يَحْمِلُونَ حَيَّاتٍ، وَإِنْ شَرِبُوا شَيْئًا مُمِيتًا لاَ يَضُرُّهُمْ، وَيَضَعُونَ أَيْدِيَهُمْ عَلَى الْمَرْضَى فَيَبْرَأُونَ». (مرقس 16: 15-18)

- اِتْبَعُوا الْمَحَبَّةَ، وَلكِنْ جِدُّوا لِلْمَوَاهِبِ الرُّوحِيَّةِ، وَبِالأَوْلَى أَنْ تَتَنَبَّأُوا. **لأَنَّ مَنْ يَتَكَلَّمُ بِلِسَانٍ لاَ يُكَلِّمُ النَّاسَ بَلِ اللهَ**، لأَنْ لَيْسَ أَحَدٌ يَسْمَعُ، وَلكِنَّهُ بِالرُّوحِ يَتَكَلَّمُ بِأَسْرَارٍ. (1 كورنثوس 14: 1-2)

- **أَشْكُرُ إِلهِي أَنِّي أَتَكَلَّمُ بِأَلْسِنَةٍ أَكْثَرَ مِنْ جَمِيعِكُمْ**. وَلكِنْ، فِي كَنِيسَةٍ، أُرِيدُ أَنْ أَتَكَلَّمَ خَمْسَ كَلِمَاتٍ بِذِهْنِي لِكَيْ أُعَلِّمَ آخَرِينَ أَيْضًا، أَكْثَرَ مِنْ عَشَرَةِ آلاَفِ كَلِمَةٍ بِلِسَانٍ. (1 كورنثوس 14: 18-19)

- وَهذِهِ الآيَاتُ تَتْبَعُ الْمُؤْمِنِينَ: يُخْرِجُونَ الشَّيَاطِينَ بِاسْمِي، **وَيَتَكَلَّمُونَ بِأَلْسِنَةٍ جَدِيدَةٍ**، يَحْمِلُونَ حَيَّاتٍ، وَإِنْ شَرِبُوا شَيْئًا مُمِيتًا لاَ يَضُرُّهُمْ، وَيَضَعُونَ أَيْدِيَهُمْ عَلَى الْمَرْضَى فَيَبْرَأُونَ». (مرقس 16: 17-18)

ملاحظات:

والسبب الثاني عن ضرورة تكلم كل مؤمن بالألسنة هو أنه طريقة كتابية لشكر لله

إذ أنكَ تشكر الله أيضًا بينما تتكلم بالألسنة:

فَمَا هُوَ إِذًا؟ أُصَلِّي بِالرُّوحِ، وَأُصَلِّي بِالذِّهْنِ أَيْضًا. أُرَتِّلُ بِالرُّوحِ، وَأُرَتِّلُ بِالذِّهْنِ أَيْضًا. وَإِلَّا فَإِنْ بَارَكْتَ بِالرُّوحِ، فَالَّذِي يُشْغِلُ مَكَانَ الْعَامِّيِّ، كَيْفَ يَقُولُ «آمِينَ» عِنْدَ شُكْرِكَ؟ لِأَنَّهُ لَا يَعْرِفُ مَاذَا تَقُولُ! فَإِنَّكَ أَنْتَ تَشْكُرُ حَسَنًا، وَلَكِنَّ الآخَرَ لَا يُبْنَى. (1 كورنثوس 14: 15-17)

يتمثل جوهر حجة بولس هنا في إذا كنت تتكلم بالألسنة في الكنيسة، إذًا فأنتَ تشكر الرب وتباركه بأكثر الطرق روعة على الإطلاق. ولكن بما أنه لا يفهم أحد ما تقوله، فبالتالي لن يؤمن أحدًا على شكرك ويقول "آمين". ولكن لا توجد خطية عندما تشكر وأنتَ بمفردك.

وقد عبر تشارلز ويسلي ببراعة عن شعورنا بأننا لم نوفِ الرب حق شكره بالكامل.

يا ليت لدي آلاف الألسنة لكي أشدو بحمد مخلصي الحبيب.
ومدح إلهي وملكي وانتصارات نعمته.

ولكن يمكننا من خلال موهبة التكلم بالألسنة أن نسبحه ونشكره بالتمام.

- فَبَيْنَمَا بُطْرُسُ يَتَكَلَّمُ بِهَذِهِ الأُمُورِ حَلَّ الرُّوحُ الْقُدُسُ عَلَى جَمِيعِ الَّذِينَ كَانُوا يَسْمَعُونَ الْكَلِمَةَ. فَانْدَهَشَ الْمُؤْمِنُونَ الَّذِينَ مِنْ أَهْلِ الْخِتَانِ، كُلُّ مَنْ جَاءَ مَعَ بُطْرُسَ، لِأَنَّ مَوْهِبَةَ الرُّوحِ الْقُدُسِ قَدِ انْسَكَبَتْ عَلَى الأُمَمِ أَيْضًا. لِأَنَّهُمْ كَانُوا يَسْمَعُونَهُمْ يَتَكَلَّمُونَ بِأَلْسِنَةٍ وَيُعَظِّمُونَ اللهَ. (أعمال الرسل 10: 44-46)

- فَمَا هُوَ إِذًا؟ أُصَلِّي بِالرُّوحِ، وَأُصَلِّي بِالذِّهْنِ أَيْضًا. أُرَتِّلُ بِالرُّوحِ، وَأُرَتِّلُ بِالذِّهْنِ أَيْضًا. وَإِلَّا فَإِنْ بَارَكْتَ بِالرُّوحِ، فَالَّذِي يُشْغِلُ مَكَانَ الْعَامِّيِّ، كَيْفَ يَقُولُ «آمِينَ» عِنْدَ شُكْرِكَ؟ لِأَنَّهُ لَا يَعْرِفُ مَاذَا تَقُولُ!. فَإِنَّكَ أَنْتَ تَشْكُرُ حَسَنًا، وَلَكِنَّ الآخَرَ لَا يُبْنَى. (1 كورنثوس 14: 15-17)

ملاحظات:

- 10 -

ملاحظات:

أما السبب الثالث عن ضرورة تكلم كل مؤمن بالألسنة
هو أنه يساعدنا على تسبيحه.

وَلاَ تَسْكَرُوا بِالْخَمْرِ الَّذِي فِيهِ الْخَلاَعَةُ، بَلِ امْتَلِئُوا بِالرُّوحِ. مُكَلِّمِينَ بَعْضُكُمْ بَعْضًا بِمَزَامِيرَ وَتَسَابِيحَ وَأَغَانِيَّ رُوحِيَّةٍ، مُتَرَنِّمِينَ وَمُرَتِّلِينَ فِي قُلُوبِكُمْ لِلرَّبِّ. (أفسس 5: 18-19)

إذ يحثنا الكتاب المقدس على أن نمتلئ بالروح أولاً وقبل كل شيء ثم يتعمق في شرح النتيجة الكاملة عن هذا الملء. إذ سنترنم في أنفسنا بأغاني ومزامير. ولكن ما الذي ستفعله إذا امتلأ قلبك بالأغاني وليس لديك كلمات تغنيها؟

نستفاد هنا أيضًا من موهبة الألسنة. إذ يقول بولس الرسول في 1 كورنثوس 14 "أُرَتِّلُ بِالرُّوحِ". إذ يمكنك الغناء بالروح بما يكمن قلبك بدون كتاب ترانين أو ورقة جوقة ترانيم. فأعذب الأصوات هو عندما تغني جماعة بأكملها بالروح في انسجام شديد.

- **لِذلِكَ مَنْ يَتَكَلَّمُ بِلِسَانٍ فَلْيُصَلِّ لِكَيْ يُتَرْجِمَ. لأَنَّهُ إِنْ كُنْتُ أُصَلِّي بِلِسَانٍ، فَرُوحِي تُصَلِّي، وَأَمَّا ذِهْنِي فَهُوَ بِلاَ ثَمَرٍ. فَمَا هُوَ إِذًا؟ أُصَلِّي بِالرُّوحِ، وَأُصَلِّي بِالذِّهْنِ أَيْضًا. أُرَتِّلُ بِالرُّوحِ، وَأُرَتِّلُ بِالذِّهْنِ أَيْضًا.** وَإِلاَّ فَإِنْ بَارَكْتَ بِالرُّوحِ، فَالَّذِي يُشْغِلُ مَكَانَ الْعَامِّيِّ، كَيْفَ يَقُولُ «آمِينَ» عِنْدَ شُكْرِكَ؟ لأَنَّهُ لاَ يَعْرِفُ مَاذَا تَقُولُ! فَإِنَّكَ أَنْتَ تَشْكُرُ حَسَنًا، وَلكِنَّ الآخَرَ لاَ يُبْنَى. أَشْكُرُ إِلهِي أَنِّي أَتَكَلَّمُ بِأَلْسِنَةٍ أَكْثَرَ مِنْ جَمِيعِكُمْ. وَلكِنْ، فِي كَنِيسَةٍ، أُرِيدُ أَنْ أَتَكَلَّمَ خَمْسَ كَلِمَاتٍ بِذِهْنِي لِكَيْ أُعَلِّمَ آخَرِينَ أَيْضًا، أَكْثَرَ مِنْ عَشْرَةِ آلاَفِ كَلِمَةٍ بِلِسَانٍ. أَيُّهَا الإِخْوَةُ، لاَ تَكُونُوا أَوْلاَدًا فِي أَذْهَانِكُمْ، بَلْ كُونُوا أَوْلاَدًا فِي الشَّرِّ، وَأَمَّا فِي الأَذْهَانِ فَكُونُوا كَامِلِينَ. (1 كورنثوس 14: 13-20)

- **وَلاَ تَسْكَرُوا بِالْخَمْرِ الَّذِي فِيهِ الْخَلاَعَةُ، بَلِ امْتَلِئُوا بِالرُّوحِ. مُكَلِّمِينَ بَعْضُكُمْ بَعْضًا بِمَزَامِيرَ وَتَسَابِيحَ وَأَغَانِيَّ رُوحِيَّةٍ، مُتَرَنِّمِينَ وَمُرَتِّلِينَ فِي قُلُوبِكُمْ لِلرَّبِّ.** شَاكِرِينَ كُلَّ حِينٍ عَلَى كُلِّ شَيْءٍ فِي ٱسْمِ رَبِّنَا يَسُوعَ ٱلْمَسِيحِ، لِلّهِ وَٱلْآبِ. (أفسس 5: 18-20)

ملاحظات:

**ويتمثل السبب الرابع لضرورة تكلم كل مؤمن بالألسنة
في أنه يساعدنا على فصل أنفسنا عن العالم.**

تريد في أوقات كثيرة أن تنأى بنفسك عن الكثير من المحادثات الدنيوية التي تُجرى حولك ولكنكَ ترى أن هذا الأمر مستحيل. إذ كيف يمكنك أن تكون حاضرًا بالجسد في مكان ولا تشارك فيما يدور حولك؟ ذلك بأن تتكلم بالألسنة بداخلك. إذ يمكنك أن تتكلم بهدوء في قلبك وتتواصل مع الله في الروح بدون حتى تحريك شفتيك.

إِنْ كَانَ أَحَدٌ يَتَكَلَّمُ بِلِسَانٍ، فَاثْنَيْنِ اثْنَيْنِ، أَوْ عَلَى الأَكْثَرِ ثَلاَثَةً ثَلاَثَةً، وَبِتَرْتِيبٍ، وَلْيُتَرْجِمْ وَاحِدٌ. وَلكِنْ إِنْ لَمْ يَكُنْ مُتَرْجِمٌ فَلْيَصْمُتْ فِي الْكَنِيسَةِ، وَلْيُكَلِّمْ نَفْسَهُ وَاللهَ. (1 كورنثوس 14: 27-28)

فلهذا الأمر تأثير مزدوج. فلن تتمكن من أن تحفظ نفسك من الزلل جراء ما يجري من حولك فحسب، ولكن ستستطيع أيضًا أن تؤثر بالفعل على سلوك أي شخص يحاول أن يفقدك سلامك.

كان الرجل يحاول باستمرار إثارة غضب زوجته وذلك بأن يسخر منها ويثيرها لافتعال المشاجرات. ولكن بعد مرور بعض الوقت أمسكت الزوجة بزمام الأمر إذ ظلت هادئة وساكنة بغض النظر عما يقوله زوجها أو يفعله. وقد أدرك الرجل أن ما يفعله لم يجد مجديًا ولذا فقد توقف الرجل المسكين عما كان يفعله وبدأ يكون لطيفًا مع زوجته. لكنه كان فضوليًا ويود أن يعرف سبب هذا التغيير الدرامي فيه وفي زوجته -التي اعتادت أن تغضب بسرعة.

عندئذ باحت له زوجته وقالت: "في كل مرة تسخر فيها مني، أدرك أنني سأغضب أن لم أتمسك بالرب سريعًا، ولذا فقد اعتدت أن أتكلم بالألسنة بهدوء في داخلي" وتبينت بعدها أنها تظل هادئة ولا تتأثر بغض النظر عما يقوله. وبعدها أقر الزوج وقال إنه كان يدرك أن زوجته تتكلم بالألسنة في كل مرة يرى فيها شفتيها تتحرك وبعدها يشعر بنسمة لطيفة من السلام تهدئه. وتوقف عن أن يكون عدوانيًا مع زوجته لأنه قد شُفي تمامًا من الجروح التي كانت تدفعه لأن يقول كلمات غير لطيفة إلى زوجته. مجدًا للرب.

- إِنْ كَانَ أَحَدٌ يَتَكَلَّمُ بِلِسَانٍ، فَاثْنَيْنِ اثْنَيْنِ، أَوْ عَلَى الأَكْثَرِ ثَلاَثَةً ثَلاَثَةً، وَبِتَرْتِيبٍ، وَلْيُتَرْجِمْ وَاحِدٌ. وَلكِنْ إِنْ لَمْ يَكُنْ مُتَرْجِمٌ فَلْيَصْمُتْ فِي الْكَنِيسَةِ، وَلْيُكَلِّمْ نَفْسَهُ وَاللهَ. (1 كورنثوس 14: 27-28)

- لِذلِكَ اخْرُجُوا مِنْ وَسْطِهِمْ وَاعْتَزِلُوا، يَقُولُ الرَّبُّ. وَلاَ تَمَسُّوا نَجِسًا فَأَقْبَلَكُمْ، وَأَكُونَ لَكُمْ أَبًا، وَأَنْتُمْ تَكُونُونَ لِي بَنِينَ وَبَنَاتٍ، يَقُولُ الرَّبُّ، الْقَادِرُ عَلَى كُلِّ شَيْءٍ». (2 كورنثوس 6: 17-18)

ملاحظات:

والسبب الخامس عن ضرورة تكلم كل مؤمن بالألسنة هو لأجل النمو الذاتي.

"وَأَمَّا أَنْتُمْ أَيُّهَا الأَحِبَّاءُ فَابْنُوا أَنْفُسَكُمْ عَلَى إِيمَانِكُمُ الأَقْدَس، مُصَلِّينَ فِي الرُّوحِ الْقُدُس" (يهوذا 20) بصلاتك في الروح القدس، أنتَ تبني نفسك من خلال التكلم بالألسنة. إذ تعيد شحن البطارية الروحية الخاصة بك وأنتَ تفعل ذلك وبهذا يكون لديك شيئًا تشاركه مع الناس الذين يأتون إليك باحتياجاتهم ومشكلاتهم.

قال لي أحد الوعاظ إنه يحاول دائمًا أن يتكلم بالألسنة لساعات قبل أن يعظ في أي مكان. إذ أنه خَلُص إلى أنه لا يمكنه أن يبني الآخرين ما لم يبني نفسه أولاً. يسألني الكثير من الناس عما يجب أن يفعلوه وهم ينتظرون الرب. وأجيبهم بأن يتكلموا بالألسنة. وبهذا الكيفية أنتَ تبني نفسك بينما تنتظر في محضره. وكذلك هنالك وعد: "وَأَمَّا مُنْتَظِرُو الرَّبِّ فَيُجَدِّدُونَ قُوَّةً. يَرْفَعُونَ أَجْنِحَةً كَالنُّسُورِ. يَرْكُضُونَ وَلاَ يَتْعَبُونَ. يَمْشُونَ وَلاَ يُعْيُونَ" (إشعياء 40: 31)

إذ يُعد ازدياد الإيمان جزءًا من تجديد القوة التي تحصل عليها من التكلم بالألسنة وبهذا يكون التكلم بالألسنة فعلاً إيمانيًا لأنه لا تعرف ما الذي تقوله بعد ذلك. إذ فهي درجة إيمانية تقود إلى ما تلاها.

عندما تجمعت مجموعة منا حول شابة للصلاة من أجل التحرر من القيود الروحية وقد بدا لنا لعدة دقائق أننا لن نفلح في الأمر غير أنني أُلهمت أنني أصلي بالألسنة. وعندما فعلت ازداد إيماني وشعرت أنني أصلى من أجلها بفاعلية. عندها أمرت الروح الشرير بالخروج فورًا. كنت سعيدًا جدًا لدرجة أنني جعلت التكلم بالألسنة بهدوء عادة لي قبل أن أصلي من أجل الناس.

"مَنْ يَتَكَلَّمُ بِلِسَانٍ يَبْنِي نَفْسَهُ، وَأَمَّا مَنْ يَتَنَبَّأُ فَيَبْنِي الْكَنِيسَةَ" (1 كورنثوس 14: 4) النمو الذاتي بهذه الطريقة مهم أيضًا إذ أنه يفتح لك باب مواهب الروح الأخرى على مصراعيها. قد تكون الألسنة أحد أقل المواهب غير أنها تفتح لكَ الباب أمام مواهب الروح الأخرى واستعلاناته. لا يوجد الكثير من الأشخاص اليوم ممن يستخدمهم الله في خدمة الشفاء والخلاص لا يتكلمون بالألسنة. قال "كينيث هاجين" إنه كلما صلى لله وعبده بالألسنة، زاد استعلان مواهب الروح الأخرى التي لديه.

ويساعد التكلم بالألسنة على النمو جسديًا أيضًا. يشير الشاهد   إلى الألسنة في إشعياء 28: 11-12 إلى تلك البركة. إذ يقول: "إِنَّهُ بِشَفَةٍ لَكْنَاءَ وَبِلِسَانٍ آخَرَ يُكَلِّمُ هذَا الشَّعْبَ، الَّذِينَ قَالَ لَهُمْ: «هذِهِ هِيَ الرَّاحَةُ. أَرِيحُوا الرَّازِحَ، وَهذَا هُوَ السُّكُونُ». وَلكِنْ لَمْ يَشَاءُوا أَنْ يَسْمَعُوا. إذ وعد الله بالراحة والسكون لمن يتكلمون بالألسنة.

أعرف كثيرين اكتشفوا أنه عندما يكونون متعبين وتخور قواهم الجسدية، ثم يمضون بضعة دقائق في وضع الاسترخاء ويتكلمون بالألسنة بهدوء، يشعرون عندئذ بالراحة من الضغوط ويتحسنون. إذ أن الروح القدس، الذي يجدد إنساننا الداخلي ويقويه، قادر بهذه الطريقة على توصيل هذه الفائدة إلى جسدنا المادي أيضًا.

- وَأَمَّا أَنْتُمْ أَيُّهَا الأَحِبَّاءُ فَابْنُوا أَنْفُسَكُمْ عَلَى إِيمَانِكُمُ الأَقْدَسِ، مُصَلِّينَ فِي الرُّوحِ الْقُدُسِ، وَاحْفَظُوا أَنْفُسَكُمْ فِي مَحَبَّةِ اللهِ، مُنْتَظِرِينَ رَحْمَةَ رَبِّنَا يَسُوعَ الْمَسِيحِ لِلْحَيَاةِ الأَبَدِيَّةِ. (يهوذا 20-21)

- "مَنْ يَتَكَلَّمُ بِلِسَانٍ يَبْنِي نَفْسَهُ، وَأَمَّا مَنْ يَتَنَبَّأُ فَيَبْنِي الْكَنِيسَةَ." (1 كورنثوس 14:4)

- "إِنَّهُ بِشَفَةٍ لَكْنَاءَ وَبِلِسَانٍ آخَرَ يُكَلِّمُ هذَا الشَّعْبَ، الَّذِينَ قَالَ لَهُمْ: «هذِهِ هِيَ الرَّاحَةُ. أَرِيحُوا الرَّازِحَ، وَهذَا هُوَ السُّكُونُ». وَلكِنْ لَمْ يَشَاءُوا أَنْ يَسْمَعُوا. (إشعياء 28: 11-12)

- وَإِنْ كَانَ رُوحُ الَّذِي أَقَامَ يَسُوعَ مِنَ الأَمْوَاتِ سَاكِنًا فِيكُمْ، فَالَّذِي أَقَامَ الْمَسِيحَ مِنَ الأَمْوَاتِ سَيُحْيِي أَجْسَادَكُمُ الْمَائِتَةَ أَيْضًا بِرُوحِهِ السَّاكِنِ فِيكُمْ. (رومية 8: 11)

ملاحظات:

والسبب السادس لضرورة تكلم كل مؤمن التكلم بالألسنة
هو أنه خط ساخن بينك وبين السماء حرفيًا.

أحد أثمن امتيازات التكلم بالألسنة بالنسبة لي هي أنك تتكلم مع الله مباشرة وحصريًا. إذ أنه غالبًا ما يدمر الشيطان حياتنا لأنه يستطيع أن يفهم صلواتنا إلى الله بل ويعترضها أحيانًا. فهو ليس قادرًا على عرقلة صلواتنا إلى الله فحسب، ولكن يمكنه أيضًا -كما في حالة دانيال- أن يعيق استجابة الله لصلواتنا التي تصل إلينا في الوقت المحدد؛ على أية حال. (انظر دانيال 10: 12-13)

فلقد وصُفت الصلاة بالألسنة بأنها الخط الساخن بين المسيحي والسماء. فما السبب؟ "**لأَنَّ مَنْ يَتَكَلَّمُ بِلِسَانٍ لاَ يُكَلِّمُ النَّاسَ بَلِ اللهَ، لأَنْ لَيْسَ أَحَدٌ يَسْمَعُ، وَلَكِنَّهُ بِالرُّوحِ يَتَكَلَّمُ بِأَسْرَارٍ.**" (1 كورنثوس 14: 2)

إذ تُعد الروح الإنسانية للمسيحي مكانًا مقدسًا لأنها النطاق الحصري للروح القدس في حياتنا. ولذا فأي شيء يحدث فيها يكون خارج حدود الشيطان. ولذلك حينما تصلي بالألسنة (الاتصال بين روحنا والله)، لا يمكن للشيطان أن يتدخل. لأنه لا يعرف ما الذي يجري.

تتغلب الصلاة بالألسنة أيضًا على مشكلة عدم الإيمان. إذ نعيق في كثير من الأحيان صلواتنا لأن إيماننا لا يستطيع أن يتعامل مع ما نطلبه. يمكننا أن نصلي كثيرا لدرجة أننا قد نصلي بذواتنا بدون إيمان. غير أنه عندما نصلي بالألسنة، لا يكون بوسعنا أن نعيق ما يريد الله أن يفعله من خلال صلواتنا. يقول بولس الرسول: "**لأَنَّهُ إِنْ كُنْتُ أُصَلِّي بِلِسَانٍ، فَرُوحِي تُصَلِّي، وَأَمَّا ذِهْنِي فَهُوَ بِلاَ ثَمَرٍ**" (1 كورنثوس 14: 14) إذ لا يمكن أن تعرقلنا مخاوفنا وشكوكنا لأننا أنفسنا لا نعرف ما نقوله.

من خلال الصلاة بالألسنة، باستطاعتك التغلب على مشكلة معرفة إرادة الله في الصلاة. وَكَذَلِكَ الرُّوحُ أَيْضًا يُعِينُ ضَعَفَاتِنَا، لأَنَّنَا لَسْنَا نَعْلَمُ مَا نُصَلِّي لأَجْلِهِ كَمَا يَنْبَغِي. وَلَكِنَّ الرُّوحَ نَفْسَهُ يَشْفَعُ فِينَا بِأَنَّاتٍ لاَ يُنْطَقُ بِهَا. وَلَكِنَّ الَّذِي يَفْحَصُ الْقُلُوبَ يَعْلَمُ مَا هُوَ اهْتِمَامُ الرُّوحِ، لأَنَّهُ بِحَسَبِ مَشِيئَةِ اللهِ يَشْفَعُ فِي الْقِدِّيسِينَ. (رومية 8: 26-27) من السهل جدًّا أن تكون أنانيًا وضيف الأفق في صلاتك. إذ أننا لا نفكر سوى في الأشخاص الذين نعرفهم بالفعل عندما نهّم للصلاة من أجل أنفسنا وأحبائنا. ولكن يستطيع الروح القدس عندما نصلي بالألسنة أن يصلي من أجل ما هو بالحق إرادة الله في أرواحنا. وبالطبع فأن الصلاة بالألسنة ليست هي الطريقة الوحيدة المؤكدة للصلاة بحسب إرادة الله ولكنها إضافة جيدة لها. إذ يقول بولس الرسول: "أُصَلِّي بِالرُّوحِ، وَأُصَلِّي بِالذِّهْنِ أَيْضًا." (1 كورنثوس 14: 15)

بوسعنا من خلال الصلاة بالألسنة أن نصلي من أجل المجهول. إذ أن الله لديه الكثير من الأشياء التي يريد أن يفعلها في العالم اليوم ويريد أن يفعلها من خلال صلاة شعبه. كيف تستطيع أن تصلي من أجل شيء لا تعرف عنه شيئًا؟ يمكنك من خلال الصلاة بالألسنة. فأنا غالبًا ما أصلي بالألسنة لمدة ساعة أو نحوها، وكنت أشعر بأنني أصلي من أجل شخص ما في مكان ما ولكنني لا أعرف من هو أو عن ماذا صليت. وأشعر عندما أنتهي من الصلاة أن الروح القدس قد استخدمني للصلاة من أجل شخص ما أو لأجل شيء مهم له.

استيقظت امرأة في إنجلترا في منتصف الليل وأوحي لها لكي تصلي بالألسنة. وخطر على بالها بينما كانت تصلي مبشر بالألسنة تعرفه. وقد شعرت بشدة أنه في خطر كبير. ولذلك فقد صلت بالألسنة بحرارة من أجله لمدة ساعة تقريبًا ثم عادت إلى فراشها. ونسيت هذا الأمر ولكن حضر هذا المبشر بعد بضعة سنوات للوعظ في كنيستها. وأخبر جماعة المؤمنين كيف كان في خطر جسيم ذات ليلة

إذ حاول أعداء الإنجيل في القرية التي كان يبشر بها تقييده وكانوا على وشك أن يلحقوا الأذى به. ولكنهم هربوا فجأة في اتجاهات مختلفة كما لو كان شيئًا ما قد أخافهم. وقال المبشر إن الكيفية التي أنقذ الرب بها حياته في تلك الليلة تُعد لغزًا بالنسبة له. ثم قال عرضًا "بالتأكيد كان هنالك شخصًا ما يصلي من أجلي". وقد تذكرت هذه السيدة فجأة أثناء حديثه الليلة التي استيقظت فيها وصلت بالألسنة من أجله. فهي لم تكن تعرف اسمه أو أين كان يكرز بالضبط لكنها تذكرت بوضوح أنها صلت من أجله في الوقت ذاته الذي كان يتحدث عنه. الله يعمل بطرق غامضة، ويصنع العجائب.

آيات للتأمل

- "لِأَنَّ مَنْ يَتَكَلَّمُ بِلِسَانٍ لَا يُكَلِّمُ النَّاسَ بَلِ اللهَ، لِأَنْ لَيْسَ أَحَدٌ يَسْمَعُ، وَلكِنَّهُ بِالرُّوحِ يَتَكَلَّمُ بِأَسْرَارٍ." (1 كورنثوس 14: 2)

- لِأَنَّهُ إِنْ كُنْتُ أُصَلِّي بِلِسَانٍ، فَرُوحِي تُصَلِّي، وَأَمَّا ذِهْنِي فَهُوَ بِلَا ثَمَرٍ. فَمَا هُوَ إِذًا؟ أُصَلِّي بِالرُّوحِ، وَأُصَلِّي بِالذِّهْنِ أَيْضًا. أُرَتِّلُ بِالرُّوحِ، وَأُرَتِّلُ بِالذِّهْنِ أَيْضًا. (1 كورنثوس 14: 14-15)

- وَلكِنَّ الَّذِي يَفْحَصُ الْقُلُوبَ يَعْلَمُ مَا هُوَ اهْتِمَامُ الرُّوحِ، لِأَنَّهُ بِحَسَبِ مَشِيئَةِ اللهِ يَشْفَعُ فِي الْقِدِّيسِينَ. (رومية 8: 27)

ملاحظات:

وفي الأخير، يتمثل السبب السابع على ضرورة تكلم كل مؤمن بالألسنة هو أنه طريقة للخضوع الكامل لله.

أوضح يعقوب الرسول في تعليمه حول الاستخدام السليم للكلمات أنه على الرغم من أن اللسان هو عضو صغير لكنه يسبب الكثير من المتاعب؛ تمامًا مثل دفة السفينة التي على الرغم من صغرها لكنها تستطيع توجه سفينة كبيرة. وبوسع اللسان أن يتحكم في الإنسان بأكمله إذ يمكن السيطرة على الجسم كله إذا رُوِّض اللسان.

"لِأَنَّنَا فِي أَشْيَاءَ كَثِيرَةٍ نَعْثُرُ جَمِيعُنَا. إِنْ كَانَ أَحَدٌ لاَ يَعْثُرُ فِي الْكَلاَمِ فَذَاكَ رَجُلٌ كَامِلٌ، قَادِرٌ أَنْ يُلْجِمَ كُلَّ الْجَسَدِ أَيْضًا". (يعقوب 3: 2) وعندما يحل الروح القدس في حياتنا فإنه يعطينا الألسنة علامة على أنه هو الماسك الآن بمقاليد أمورنا جميعها. فإذا كان بمقدوره أن يسيطر على اللسان فهو بالتالي سيملك بقيتنا. وسوف تجد صعوبة في التكلم بالألسنة يوميًا، كذلك في ألا تتحدث محادثات تافهة وبلا قيمة.

هَلْ تَقْدِرُ يَا إِخْوَتِي تِينَةٌ أَنْ تَصْنَعَ زَيْتُونًا، أَوْ كَرْمَةٌ تِينًا؟ وَلاَ كَذَلِكَ يَنْبُوعٌ يَصْنَعُ مَاءً مَالِحًا وَعَذْبًا! (يعقوب 3: 12) فلن يكون لدينا مجال لأي شيء ليس مقدسًا ونقيًا وصادقًا وحسنًا عندما نضع الرب يسوع نصب أعيننا ونسبحه بالألسنة طوال اليوم.

إذا كنت قد تعمدت بالروح القدس ولكنكَ لا تتكلم بالألسنة بانتظام، فأنا أحثك على تغيير عادتكَ تلك وتكلّم بالألسنة يوميًا كلما استطعت. لا تحاول تبيّن طريقة عملها لكي ترى كيف يمكن أن تغير التكلم بالألسنة حياتك. فحسب، تكلم بها وعندها سوف تكتشف أنه كلما مارست هذه الموهبة، كما هو الحال مع جميع المواهب، سوف تزيد فائدتها كلما نميتها. وأنا لا أعرف أي شيء آخر يمكن أن يُدخِل مسيحي إلى محضر الرب بسرعة أكثر من التكلم بالألسنة!

- لاَ تَكُونُوا مُعَلِّمِينَ كَثِيرِينَ يَا إِخْوَتِي، عَالِمِينَ أَنَّنَا نَأْخُذُ دَيْنُونَةً أَعْظَمَ! لِأَنَّنَا فِي أَشْيَاءَ كَثِيرَةٍ نَعْثُرُ جَمِيعُنَا. إِنْ كَانَ أَحَدٌ لاَ يَعْثُرُ فِي الْكَلاَمِ فَذَاكَ رَجُلٌ كَامِلٌ، قَادِرٌ أَنْ يُلْجِمَ كُلَّ الْجَسَدِ أَيْضًا. (يعقوب 3: 1-2)

- فَمَا هُوَ إِذًا أَيُّهَا الإِخْوَةُ؟ مَتَى اجْتَمَعْتُمْ فَكُلُّ وَاحِدٍ مِنْكُمْ لَهُ مَزْمُورٌ، لَهُ تَعْلِيمٌ، لَهُ لِسَانٌ، لَهُ إِعْلاَنٌ، لَهُ تَرْجَمَةٌ. فَلْيَكُنْ كُلُّ شَيْءٍ لِلْبُنْيَانِ. (1 كورنثوس 14: 26)

- وَأَنَا أَقُولُ لَكُمُ: اسْأَلُوا تُعْطَوْا، أُطْلُبُوا تَجِدُوا، اِقْرَعُوا يُفْتَحْ لَكُمْ. لأَنَّ كُلَّ مَنْ يَسْأَلُ يَأْخُذُ، وَمَنْ يَطْلُبُ يَجِدُ، وَمَنْ يَقْرَعُ يُفْتَحُ لَهُ. فَمَنْ مِنْكُمْ، وَهُوَ أَبٌ، يَسْأَلُهُ ابْنُهُ خُبْزًا، أَفَيُعْطِيهِ حَجَرًا؟ أَوْ سَمَكَةً، أَفَيُعْطِيهِ حَيَّةً بَدَلَ السَّمَكَةِ؟ أَوْ إِذَا سَأَلَهُ بَيْضَةً، أَفَيُعْطِيهِ عَقْرَبًا؟ فَإِنْ كُنْتُمْ وَأَنْتُمْ أَشْرَارٌ تَعْرِفُونَ أَنْ تُعْطُوا أَوْلاَدَكُمْ عَطَايَا جَيِّدَةً، فَكَمْ بِالْحَرِيِّ الآبُ الَّذِي مِنَ السَّمَاءِ، يُعْطِي الرُّوحَ الْقُدُسَ لِلَّذِينَ يَسْأَلُونَهُ؟». (لوقا 11: 9-13)

ملاحظات:

ملاحظات:

ملاحظات:

القس (الدكتور) بول جينادو- أسقف عام

ولد الدكتور القس بول جينادو كمسلم في لاجوس بنيجيريا. وأصبح مسيحيًا بعد أن ظهر الرب يسوع له وتخلى بعدها عن سعيه لدراسة الطب في المملكة المتحدة. ألتحق بكلية ويلز للكتاب المقدس في سوانزي في عام 1962 ودرس أيضًا اللاهوت في كلية لندن للكتاب المقدس وتخرج منها في عام 1972. تزوج من "كيت" التي ألتقي بها في كلية الكتاب المقدس ورجعا إلى نيجيريا بصفتهما مبشران في عام 1966. وقد عملا في البداية مع الكنيسة الرسولية في لاجوس، ثم مع كنيسة "Foursquare Gospel Church" قسًّا وزارع كنائس.

ثم عادا في أوائل الثمانينيات إلى المملكة المتحدة وطاف بول في جميع أنحاء البلاد كارزًا متجولًا وواعظًا في المؤتمرات. وقد شاركت "كيت" في الوقت نفسه في قيادة الناس نحو المسيح من خلال "نادي القهوة المسيحي" في يورك.

أسس بول كنيسة العهد الجديد في نيجيريا عام 1985 بناء على دعوة من العديد من تلاميذه وامتدت بعدها بعام إلى المملكة المتحدة. وهو يشرف الآن على أكثر من 600 فرع للكنيسة في 23 دولة حول العالم. وبول هو ثاني رئيس للتحالف الإنجيلي الأفريقي الكاريبي في المملكة المتحدة. وهو الرسول والأب الروحي والمعلم لكثير من القساوسة في جميع أنحاء العالم والمتحدث الأكثر طلبًا ومؤلف كتاب "I Have Seen The Lord" والعديد من الكتب الأخرى. ويقود ندوات للقيادة والتدريب في جميع أنحاء العالم.

:ملاحظات

ملاحظات:

ملاحظات:

ملاحظات:

لمزيد من المعلومات:

كنيسة العهد الجديد
www.newcovenantchurchnigeria.org

New Covenant Church Logistics 9606
East Foothill Blvd.
Rancho Cucamonga, CA 91730 (909)
791-8095
www.ncclogistics.org
info@ncclogistics.org